ESTAMPES

ÉCOLE FRANÇAISE DU XVIIIᵉ SIÈCLE

PIÈCES IMPRIMÉES EN NOIR ET EN COULEUR

PORTRAITS, DESSINS

Mᵉ MAURICE DELESTRE
Commissaire-Priseur
27, RUE DROUOT, 27

MM. DANLOS FILS ET DELISLE
Marchands d'estampes
15, QUAI MALAQUAIS, 15

CATALOGUE

D'UNE JOLIE COLLECTION

D'ESTAMPES

DE

L'ÉCOLE FRANÇAISE DU XVIIIe SIÈCLE

PIÈCES IMPRIMÉES EN NOIR ET EN COULEUR

PORTRAITS, DESSINS

dont la vente aux enchères publiques aura lieu

Hôtel des commissaires-priseurs, rue Drouot, 5

SALLE N° 4

Les Vendredi 30 Avril et Samedi 1er Mai 1886

A UNE HEURE ET DEMIE

Par le ministère de Me **MAURICE DELESTRE**, commissaire-priseur

RUE DROUOT, 27

Assisté de MM. **DANLOS** Fils et **DELISLE**, marchands d'estampes

QUAI MALAQUAIS, 15

CONDITIONS DE LA VENTE

Elle sera faite au comptant.

Les acquéreurs paieront cinq pour cent en sus des enchères.

MM. Danlos fils et Delisle, chargés de la direction de la vente se réservent la faculté de rassembler ou de diviser les lots.

ORDRE DES VACATIONS

Première vacation : *Vendredi* 30 *Avril.* Nᵒˢ   1 à 233.
Deuxième vacation : *Samedi* 1ᵉʳ *Mai.* .   234 à la fin.

DÉSIGNATION

ADRESSES.

1. Cadre ornementé d'une adresse, par Choffard.

   Très belle et rare épreuve avant la lettre.

2. Cartouche ornementé, avec figures allégoriques, devant probablement renfermer l'adresse d'un opticien. Gravé par M. Le Roy, 1767.

   Très belle épreuve avant la lettre ; toute marge.

ALIX (P.-M.).

3. Le général Berthier, gravé en couleur d'après Le Gros. In-fol.

   Très belle épreuve avec marge.

4. Portrait du jeune Viala.

   Superbe et rare épreuve en couleur, avant toutes lettres.

AUBRY (E.).

5. Le Mariage rompu, par R. De Launay.

   Très belle épreuve avec marge.

AUDRAN (J.).

6. Portrait de Molière. In-8.

   Superbe et très rare épreuve avant toutes lettres.

BALTARD.

7. Vue de la cour du Louvre en 1803.

Très belle et rare épreuve avant toutes lettres tirée en bistre.

BANCE (à Paris, chez).

8. La Mère à la mode. — La Mère telle que toutes devraient être. Deux pièces en regard l'une de l'autre sur la même feuille.

Très belle épreuve coloriée.

BARTOLOZZI (F.).

9. Portrait de Marie-Christine, archiduchesse d'Autriche, gouvernante générale des Pays-Bas, d'après Roslin le Suédois. Grand in-fol.

Superbe épreuve, lettres grises, ayant de très grandes marges. Très rare en cet état et dans cette condition.

BASSET (à Paris, chez).

10. Cérémonie du couronnement de Louis XVI, le 11 juin 1775. Grande et intéressante pièce. En haut dans un médaillon soutenu par des amours, le portrait de la jeune reine Marie-Antoinette.

Très belle épreuve avec toute sa marge.

BAUDOUIN (d'après P.-A.).

11. Le Carquois épuisé, par N. de Launay (11).

Belle épreuve ayant souffert.

12. Le Catéchisme, par P.-E. Moitte (15).

Très belle épreuve ayant une grande marge.

13. Le Danger du tête-à-tête, par Simonet (18).

Très belle épreuve ayant une grande marge.

14. La même estampe.

Belle épreuve.

15. La Soirée des Tuileries, par Simonet (47).

Très belle épreuve.

16. La Toilette, par M. Ponce (48).
Très belle épreuve sans marge.

BENAZECH.

17. Le Prix de l'agriculture.
Très belle épreuve en couleur.

BERTIN (d'après N.).

18. La Gayeté de Silène, par N. de Launay.
Très belle épreuve avec marge.

BOILLY (d'après).

19. Que n'y est-il encore, par Petit.
Superbe et rare épreuve avant la lettre.

20. La Dispute de la Rose. — La Rose prise. Deux pièces faisant pendants, gravées par Cazenave.

21. L'Amant poète. — L'Amant musicien. Deux pièces faisant pendants, gravées par Levilly.
Très belles épreuves en couleur.

22. Jouir par surprise n'alarme pas la pudeur. — Voilà mère, nous sommes perdus. — Deux pièces faisant pendants.
Très belles épreuves en couleur.

23. La Douce Impression de l'harmonie. — Suite de la Douce Impression de l'harmonie. — Deux pièces faisant pendants gravées par Wolff.
Très belles épreuves en couleur.

24. Iʳᵉ scène de voleurs. — IIᵐᵉ scène de voleurs. — Deux pièces faisant pendants gravées par Gror.
Très belles épreuves en couleur.

BOIZOT (L.-S.).

25. Portraits de Louis XVI et de Marie-Antoinette. — Deux pièces in-4 faisant pendants, gravées par M. L. Boizot, 1775.
Très belles épreuves avec marges.

BONNART (à Paris, chez).

26. Le Duc et la Duchesse de Bourgogne. — Deux portraits en
pied.
> Très belles épreuves.

27. Monsieur et Madame la Princesse de Conty. — Deux portraits en pied.
> Très belles épreuves sans marges.

28. Le Duc d'Anjou. — Le Duc de Berry. — Le Duc du Maine.
> Très belles épreuves.

29. Madame la Marquise de Montespan, en pied. —
> Très belle épreuve. Rare.

30. Duchesse de Bourbon. — Duchesse d'Humières. — Mademoiselle de Pons. — Madame de Bagnols. — Duchesse de Foix, etc. Six portraits en pied.
> Très belles épreuves.

31. Le grand Dauphin. — Le Duc de Bourgogne. — Le Prince Eugène. — Lully, etc. Cinq portraits en pied.
> Très belles épreuves rognées.

32. Louis XIV. — Duc et Duchesse de Roquelaure. — Duchesse de la Feuillade. — Duchesse de Bouillon, etc. Sept portraits en pied.
> Très belles épreuves rognées.

BONNET (L.).

33. La Toilette du matin. — La Toilette du soir. — Deux pièces faisant pendants, gravées à la sanguine d'après Beaulier.
> Très belles épreuves ayant de grandes marges.

34. Vénus au bain. — Diane au bain. — Deux pièces faisant pendants, gravées d'après Beaufort.
> Très belles épreuves en couleur.

35. Le Déjeuner.
> Très belle épreuve en couleur.

36. Jeune Femme en buste.
> Très belle épreuve à la sanguine, grande marge.

BOREL (d'après).

37. La Bascule, par Leveillé.

Très belle épreuve en couleur.

BOSIO (d'après).

38. La Bouillotte.

Très belle épreuve coloriée.

39. Les Invisibles.

Très belle épreuve en couleur, avant toutes lettres.

BOSIO? (d'après).

40. Le Sultan Parisien, ou l'Embarras du choix. — Le Logeur, ou les Effets des vertus hospitalières de Paris. Deux pièces coloriées très curieuses comme costumes et comme scènes de mœurs du commencement de ce siècle. Dans la dernière pièce, l'artiste s'est représenté, en charge, sous la forme d'un chien dessinant la scène qu'il a sous les yeux. Très rare.

BOUCHER (d'après F.).

41. Tête de jeune femme, gravée aux trois crayons par Demarteau.

Très belle épreuve.

42. La Belle Villageoise, par Aveline.

Superbe épreuve ayant toute sa marge.

43. La Belle Cuisinière, par Aveline.

Superbe épreuve ayant toute sa marge.

44. La Muse Clio, par Daullé.

Très belle épreuve ayant toute sa marge.

45. Les Éléments. Suite de quatre pièces faisant pendants, gravées par Daullé.

Très belles épreuves avec de grandes marges.

46. Le Marchand d'oiseaux. — La Souffleuse de savon. — La Marchande d'œufs. — La Vendangeuse. Quatre pièces faisant pendants, gravées par Daullé.

Très belles épreuves avec de grandes marges.

47. Les Saisons, suite de quatre pièces en largeur, gravée par Daullé.

Belles épreuves.

48. L'Amour sur les eaux. — Les différents genres de sculpture. Deux pièces gravées par Levasseur.

Très belles épreuves avec marges.

49. Naissance et triomphe de Vénus, par Daullé.

Très belle épreuve.

50. Les Buveurs de lait. — Le Petit Souffleur. — Les Fruits du ménage. — Les Amours folâtres. — Les Amours en gaieté. Cinq pièces gravées par Daullé et Levasseur.

Très belles épreuves avec marges.

51. La Fontaine d'amour. — La Bonne Aventure. — La Nymphe au bain. — Jupiter et Calisto, etc. Dix pièces.

Belles épreuves.

BOULANGER (à Paris, chez).

52. Première Moitié d'un petit almanach, pour l'année 1779, illustré dans le haut de six petites vignettes dans le goût de Quéverdo.

BYRON (d'après J.).

53. Déjeuner à Breteuil, 1802. Grande pièce en largeur gravée par Lewis.

Très belle épreuve en couleur.

54. Une Visite au couvent à Amiens, 1803. Grande pièce en largeur, gravée par Lewis.

Très belle épreuve en couleur.

C... (A.)

54 bis. Nous avons notre Père de Gand, ou Une soirée des Thuileries en juillet 1815. Très belle épreuve coloriée d'une très jolie pièce historique des plus curieuses et des plus intéressantes.

CARESMES (d'après).

55. Le Satyre et la Nymphe.

Très belle épreuve en couleur. Rare.

CARMONTELLE (d'après L.-C. de).

56. Louise-Magdeleine Lamy, de l'Académie Royale de musique, gravé par De La Fosse, in-fol.

> Très belle épreuve avec la première adresse, celle du graveur et avant que la planche ait été diminuée pour faire partie de la suite du Costume français de Desrais. Rare.

57. La même estampe.

> Très belle épreuve du deuxième état. Marge.

CARICATURES.

58. Musée grotesque. Suite de 64 pièces coloriées numérotées de 1 à 64, dont nous ne possédons que 61 pièces. Manquent les numéros 46, 53 et 56.

> Très belles épreuves ayant pour la plupart toutes leurs marges.

59. Les Bains à la mode. — La Vie d'une jolie fille à Paris. — La Vie d'un joli garçon à Paris. Trois pièces coloriées.

60. Les Boxeurs à Londres, 1822, par Cruikshank.

> Très belle épreuve en couleur. Toute marge.

CHALLE (d'après M. A.).

61. Les Espiègles. — L'Amant surpris. Deux pièces faisant pendants, gravées par Descourtis.

> Superbes épreuves en couleur, sans marges.

62. Le Souvenir agréable. — Le Repos interrompu. Deux très jolies pièces faisant pendants, gravées par Vidal.

> Très belles épreuves en bistre. Rares.

63. Les Cerises, par A. Legrand.

> Très belle épreuve en couleur.

64. La Lanterne magique d'amour, par Alix.

> Très belle épreuve en couleur.

CHARDIN (d'après J.-B. Siméon).

65. La Fontaine, par Cochin (21).

> Belle épreuve.

66. Jeune Fille à la raquette, par Lépicié (29).

> Très belle épreuve.

67. L'Inclination de l'âge, par L.-L. Surugue (25). —
Très belle épreuve avec toute sa marge. Rare.

68. Le Peintre, par P.-L. Surugue (42). —
Très belle épreuve avec toute sa marge. Rare.

69. La Mère laborieuse. — La Gouvernante. Deux pièces gravées par Lépicié.
Très belles épreuves, la dernière pièce a toute sa marge.

CHATAIGNER (d'après).

70. La Séparation. — La Réconciliation. Deux pièces faisant pendants, gravées par Cholet.
Très belles épreuves en couleur.

CHEVILLET (J.).

71. Portrait de Louis-Philippe d'Orléans, duc de Chartres. In-8. —
Superbe et très rare épreuve avant toutes lettres.

COCHIN (d'après C.-N.).

72. Illustrations pour l'Arioste. 32 pièces. —
Très belles épreuves avant la lettre.

CHARON (à Paris, chez).

73. Est bien embarrassé qui tient la queue de la poêle. — Regardez, mais n'y touchez pas. Deux pièces curieuses et rares faisant pendants.
Très belles épreuves avec les figures en couleur; toutes marges.

CHOFFARD (P.-P.).

74. Fleuron au chiffre royal, 1765. —
Très belle épreuve avant la lettre, grande marge.

COQUERET.

75. Les Ennuyés chez eux. (Intérieur du café Procope.)
Très belle et rare épreuve en couleur avant toutes lettres. Très grande marge.

COSWAY (d'après R.).

76. M. Horace Beckford, en pied. In-fol. gravé par J. Condé. —
Belle épreuve avec marge.

COUTELLIER.

77. Joseph Ménier, de la Comédie-Italienne.

Superbe épreuve en couleur du premier tirage; elle est montée en dessin sur papier bleu avec encadrement et texte imprimé.

DAUBIGNY.

78. Eaux-fortes. 21 pièces.

Belles épreuves.

DAULLÉ (J.).

79. Marie-Thérèse, reine de Hongrie. — Le cardinal de Polignac. Deux portraits gravés d'après Demeytens et H. Rigaud.

Très belles épreuves.

80. L'Amour. — L'enfant qui joue avec l'amour. — La Riboteuse hollandaise. — La Peleuse de pommes, etc. Cinq pièces.

Très belles épreuves.

DEBUCOURT (P.-L.)

81. Annette et Lubin.

Magnifique épreuve avant toutes lettres; elle est de la plus grande fraîcheur et a toute sa marge. De la plus grande rareté en cet état et en aussi parfaite condition.

82. L'Escalade, ou les Adieux du matin.

Superbe épreuve en couleur.

83. Heur ou malheur, ou la Cruche cassée.

Superbe épreuve en couleur.

84. Le Compliment, ou la Matinée du jour de l'an.

Très belle épreuve en couleur.

85. La Promenade publique.

Très belle épreuve en couleur sans marge, encadrée.

86. Réception de Madame la duchesse de Berry par Sa Majesté Louis XVIII, à Fontainebleau, le 15 juin 1816.

Très grande et très intéressante pièce en couleur gravée d'après C. Vernet; elle est doublée. Excessivement rare.

87. La Rose mal défendue.

Superbe épreuve, avec le sein de la jeune femme découvert; elle est montée en dessin sur papier bleu avec bordure et titre gravé. Très rare.

88. La même estampe.

Belle épreuve.

89. L'Oiseau privé.

Superbe épreuve avant l'adresse et avec la lettre grise ; elle a toute sa marge. Très rare à rencontrer en aussi belle condition.

90. La Croisée.

Superbe et très rare épreuve avec la lettre grise et avant que l'adresse de Debucourt ait été remplacée par celle de Depeuillé ; marge.

91. La même estampe.

Très belle épreuve en couleur.

92. La Bénédiction du grand-papa.

Superbe et très rare épreuve en couleur avant toutes lettres.

93. Le Bouquet présenté.

Rare épreuve avant la lettre, non entièrement terminée.

94. La même estampe.

Belle épreuve avec marge.

95. Qu'as-tu fait ?

Très belle épreuve avec une belle marge

96. Jouis, tendre mère.

Très belle épreuve en couleur.

97. La même estampe.

Belle épreuve en noir, marge.

98. Ils sont heureux.

Superbe épreuve avant la lettre (lettres tracées) ; elle a toute sa marge. Très rare à rencontrer en aussi belle condition.

99. La même estampe.

Très belle épreuve.

100. L'Orange.

Très belle épreuve.

101. Les Visites.

Très belle épreuve.

102. Le Carnaval.

Superbe épreuve en couleur. Rare.

103. Promenade au bois de Vincennes.

Très belle épreuve en couleur ayant une très grande marge.

104. Le Tailleur.
Très belle épreuve avec une très grande marge.

105. La Coquette et ses filles, ou Une mère à la mode, 1803.
Très belle épreuve.

106. La Femme et le Mari, ou les Époux à la mode, 1803.
Très belle épreuve.

107. Les Gastronomes sans argent. — Les Gastronomes affamés. Les Gastronomes en jouissance. — La Fin des gastronomes. — Suite complète de 4 pièces rares à trouver réunies.
Très belles épreuves, en couleur, piquées d'humidité.

108. Portrait d'Alexandre Ier en pied. In-fol.
Très belle et rare épreuve, en couleur, lettres grises. Marge.

109. La Récréation. — La Marchande de galette. — Deux pièces.
Très belles épreuves avec marge.

110. La Danse des chiens en désordre, d'après C. Vernet.
Très belle épreuve en couleur.

111. Route de Naples, d'après C. Vernet.
Superbe épreuve en couleur ayant toute sa marge.

112. Marchand de vins des environs de Rome, d'après C. Vernet.
Superbe épreuve en couleur ayant toute sa marge.

113. La même estampe.
Belle épreuve en couleur.

114. Le Joueur de cornemuse, d'après C. Vernet.
Très belle en couleur.

115. Route de Saint-Cloud, d'après C. Vernet.
Très belle épreuve en couleur; très grande marge.

116. Route de Poissy, d'après C. Vernet.
Très belles épreuves en couleur. Marge.

117. Les Aveugles, d'après C. Vernet.
T ès belle épreuve en couleur. Marge.

118. Les Amateurs de plafonds au Salon, d'après C. Vernet.
Belle épreuve en couleur.

119. Le Coup de vent, d'après C. Vernet. ——————————————
    Très belle épreuve en couleur.

120. La Partie de plaisir, d'après C. Vernet. —
    Très belle épreuve en couleur. Marge.

121. La Marchande de saucisses, d'après C. Vernet. ——————
    Très belle épreuve en couleur.

122. La Marchande de coco, d'après C. Vernet. ——————————
    Très belle épreuve en couleur.

123. Le Jour de barbe d'un charbonnier, d'après C. Vernet.
    Très belle épreuve en couleur.

124. La Marchande de poissons, d'après C. Vernet. ——————
    Très belle épreuve en couleur; toute marge.

125. La Marchande de cerises, d'après C. Vernet.
    Très belle épreuve en couleur.

126. La Marchande d'eau-de-vie, d'après C. Vernet.
    Très belle épreuve en couleur.

127. Officier anglais se rendant à une partie de plaisir, d'après
    C. Vernet.
    Superbe épreuve en couleur avec toute sa marge.

128. Il n'y a pas de fumée sans feu. — La Marchande de pois-
    sons. — Passez, payez, etc. Six pièces.

DEBUCOURT (d'après).

129. Humanité et bienfaisance du roi, gravé par Guyot. —
    Superbe épreuve en couleur.

DEBUCOURT, BOILLY ET AUTRES (d'après).

130. Le Boulevard Italien. — Marche incroyable. — Bastringue.
    Le Trente-et-un, etc. Six pièces gravées en réduction.
    Très belles épreuves coloriées.

DEROSIER (d'après).

131. Le Déjeuner du modèle, gravé par Sombret. ——
    Très belle épreuve en couleur; grande marge.

DESRAIS (d'après).

132. Ah! ça ira, ça ira, ça ira bien, gravé par Deny.
    Épreuve coloriée du temps.

DROUAIS (d'après).

133. Portrait de madame Du Barry, gravé en manière noire par Watson. In-fol.

Superbe et très rare épreuve avant toutes lettres. Marge.

DUPLESSIS-BERTAUX.

134. Spectacle en plein vent aux Champs-Élysées.

Très rare épreuve, à l'état d'eau-forte, d'une charmante petite pièce de forme ovale.

135. Revue passée par le premier consul dans la cour des Tuileries.

Très rare épreuve à l'état d'eau-forte.

136. Recueil de cent sujets de divers genres composés et gravés à l'eau-forte par J. Duplessis-Bertaux. 1814.

Superbe exemplaire avant la lettre en feuilles auquel manquent le portrait et le texte.

ÉCOLE FRANÇAISE, XVIIIe SIÈCLE.

137. Vues d'un château et de ses jardins. Trois grandes pièces intéressantes comme costumes.

Rares épreuves à l'état d'eau-forte ayant toutes leurs marges.

EISEN (Ch.).

138. Projet de fontaine.

Très belle épreuve ayant toute sa marge.

EISEN (d'après C.).

139. Cul-de-lampe gravé par Gaucher.

Très belle et rare épreuve tirée hors texte, grande marge.

EISEN (d'après F.).

140. L'Optique, par Henriquez.

Très belle épreuve.

ESNAULT ET RAPILLY (à Paris, chez).

141. Portrait de mademoiselle Lescot, de la Comédie-Italienne. In-4.

Très belle épreuve avant la pagination. Toute marge.

142. Madame de Pompadour. — L.-M. d'Orléans, duchesse de

Bourbon. Deux portraits in-8 gravés par Le Beau et
Dupin.

Belles épreuves.

FATOU (à Paris, chez).

143. Portrait de Louis XVI, dans un médaillon ovale.

Très belle épreuve en couleur ayant une grande marge.

FICQUET (Et.).

144. P. Jolyot de Crébillon, d'après Aved (37). In-8.

Très belle épreuve avant les noms des artistes.

145. Charles Eisen, d'après Visper (51).

Très belle épreuve ayant une grande marge.

146. De la Mothe Fénelon, d'après Vivien (58). In-8.

Très belle et rare épreuve avant les noms des artistes.

147. Jean de La Fontaine, d'après H. Rigaud (61). In-8.

Très belle épreuve dite au ruisseau blanc; remargée.

148. Madame de Maintenon, d'après Mignard (93).

Très belle épreuve avec marge.

149. J.-B. Poquelin de Molière, d'après Coypel (101). In-8.

Très belle épreuve; remargée.

150. J.-F. Régnard, d'après Rigaud (122). In-8.

Très belle et rare épreuve avant les noms des artistes.

151. Jean-Baptiste Rousseau, d'après Aved (131).

Superbe et très rare épreuve avant toutes lettres et avant beaucoup de travaux.

152. J.-J. Rousseau, d'après de La Tour (132).

Superbe et très rare épreuve avant toutes lettres, avant les mots:
Vitam impendere vero sur la page du livre ouvert, avant les tailles
croisées sur la sphère et avant de nombreux travaux. Elle a une
grande marge.

153. G. Saugrain (135). In-12.

Très belle épreuve.

154. Crébillon. — Cicéron. — Corneille. — La Mothe Le Vayer.
— Montaigne. — J.-B. Rousseau. — Gaspard de Rom-
bouts. — Crayer. Ces deux dernières pièces avant la lettre,
etc. Dix portraits.

Très belles épreuves dont quelques-unes ont de grandes marges.

FLODING (P.).

155. Portrait de Roslin le Suédois, peintre.

Très belle et rare épreuve avant toutes lettres.

FRAGONARD (d'après H.).

156. Les Hazards heureux de l'escarpolette, par N. de Launay. —

Très belle épreuve de la planche carrée ; elle a de légères restaurations.

157. L'Amour récompensé.

Belle épreuve d'une planche non terminée devant faire partie de la suite où se trouvent les Beignets, le Petit Prédicateur, etc.

158. La Cachette découverte, par N. de Launay.

Très belle épreuve avec marge.

159. L'Heureuse Fécondité. — Le Bonheur du ménage. Deux pièces gravées par N. de Launay.

Belles épreuves.

160. Pèlerinage à Saint-Nicolas, par N. de Launay. —

Très belle épreuve, lettre grise.

161. Le Songe d'amour, par N. Regnault. —

Très belle et rare épreuve avant la lettre (lettres tracées) ; elle est doublée.

162. Portrait de mademoiselle Guimard, gravé à l'eau-forte par Courtry.

Superbe et première épreuve dite de Remarque ; sur japon.

FRAGONARD ET CARESME (d'après).

163. La Fuite à dessin. — La Petite Thérèse. Deux pièces faisant pendants, gravées par Couché.

Très belles épreuves ayant de grandes marges.

FREUDEBERG (d'après).

164. La Confiance enfantine. — La Crainte enfantine. Deux — pièces faisant pendants, gravées par Janinet.

Très belles épreuves en couleur.

165. La Crainte enfantine, par Janinet.

Superbe et très rare épreuve avant toutes lettres.

166. L'Heureuse Union, par Bosse. —

Superbe épreuve de la grande planche, avant qu'elle ait été réduite pour être ajoutée à l'édition de Nieuweld du costume de Moreau le jeune ; grande marge.

167. Le Bain, par A. Romanet.

Très belle épreuve avant le numéro.

168. La Félicité villageoise, par N. de Launay.

Très belle épreuve.

GAUCHER (Ch. E.).

169. Le grand Corneille, d'après C. Le Brun (43). In-8. —

Très belle épreuve avec toute sa marge.

170. Portrait de madame Du Barry, d'après Drouais (150). In-12.

Très belle épreuve avec la première adresse, celle de l'auteur.

171. Le Duc de La Rochefoucault, d'après Petitot (90). In-12.

Superbe et rare épreuve avant la lettre et avec la tablette blanche ; grande marge.

172. Le Duc de Montausier, d'après Ferdinand (118). In-8. —

Très belle épreuve remargée.

173. A. de Pils, écuyer, secrétaire, interprète de M. le comte d'Artois, d'après H.-J. François (131). In-12.

Très belle épreuve remargée. Rare.

GILLOT (d'après Cl.).

174. Fêtes de Diane, — du dieu Pan, — de Bacchus, — du Faune. Suite complète de quatre pièces.

Très belles épreuves ayant de grandes marges.

GOYA (F.).

174 bis. Les Caprices. Suite complète de 80 planches. 1 vol. in-4°. veau fauve.

Ancien et très bel exemplaire.

174 ter. Combats de taureaux. Suite complète de 33 planches. 1 vol. cart. in-fol. oblong.

Ancien et très bel exemplaire. Très rare.

GRATELOUP (J.-B.).

175. Bossuet en pied, d'après H. Rigaud (F. 1). In-8.

Superbe épreuve avec la date de 1771 gravée autour de l'ovale, dans le bas, en quatre chiffres très espacés; elle est sur papier de Chine doublé et a toute sa marge.

176. Adrienne Lecouvreur, d'après Coypel (6). In-12. ——
Très belle et rare épreuve avant toutes lettres.

177. Montesquieu, d'après Dassier (7). In-12. ——————
Très belle épreuve avec marge.

178. Le cardinal de Polignac, d'après H. Rigaud (8). In-12. —
Superbe épreuve du premier état. Grande marge.

179. J.-B. Rousseau, d'après Aved (9). In-12. ——————
Superbe épreuve sur papier de Chine doublé.

GREUZE (d'après J.-B.).

180. La Philosophie endormie (portrait de Mme Greuze), gravé à l'eau-forte par Moreau le jeune et terminé au burin par Aliamet.
Très rare épreuve à l'état d'eau-forte et avant de nombreux changements. Le corsage, qui dans les épreuves terminées est entr'ouvert et laisse apercevoir la chemise, est dans cet état complètement fermé et boutonné jusqu'au cou. Grande marge.

181. La même estampe. ——————
Magnifique épreuve avant toutes lettres; elle a toute sa marge et est de la plus grande fraîcheur. Excessivement rare dans cet état et dans cette condition.

182. La Laitière, par Ch. Levasseur. ——————
Magnifique épreuve avant la dédicace; elle est de la plus grande fraîcheur et a toute sa marge. De la plus grande rareté en cet état et en aussi belle condition.

183. Le Malheur imprévu, par R. Delaunay. ——————
Superbe épreuve avant la dédicace et avec toute sa marge.

184. L'Écureuse, par Beauvarlet. ——————
Très belle épreuve avec une très grande marge.

185. La Jeunesse studieuse. — Le petit Polisson. Deux pièces faisant pendants, gravées par Levasseur.
Très belles épreuves avec marge.

GUÉRAIN (d'après).

186. Le Trente-Un, ou la Maison de prêt sur nantissement, par L. Darcis.
Très belle épreuve.

GUYOT.

187. Première Attaque de la Bastille. — Différentes vues. Cinq pièces.

Très belles épreuves en couleur.

HARIETT ET NAUDET (d'après J.-F.).

188. Le Thé parisien, suprême bon ton au commencement du XIXᵉ siècle. — Le Sérail parisien, ou le bon ton de 1803. Deux pièces gravées par Godefroy et Blanchard.

Très belles épreuves tirées en bistre. Rares.

HEILMANN (d'après).

189. Le Bon Exemple. — Mademoiselle sa sœur. Deux pièces faisant pendants, gravées par Chevillet.

Très belles épreuves ayant de très grandes marges.

HOWARD (d'après F.).

190. Le Derby, couru le 28 mai 1834.

Très belle pièce coloriée gravée par Duncan ; elle est avant toutes lettres, a toutes les indications manuscrites et a de nombreuses retouches de la main de l'artiste. Dans cet état, cette estampe a toute l'apparence d'un dessin.

HUET (d'après J.-B.).

191. L'Amant écouté. — L'Éventail cassé. Deux pièces faisant pendants, gravées par Bonnet.

Superbes épreuves en couleur avant les noms des artistes. Rares

192. L'Amant pressant. — La Déclaration. Deux pièces faisant pendants, gravées par Legrand.

Très belles épreuves en couleur.

193. La Déclaration, par Legrand.

Très belle épreuve en couleur.

194. L'Amour offrant des présents à Ariane, par Bonnet.

Superbe épreuve en couleur ayant toute sa marge.

195. La Chute inattendue. — La Culbute imprévue. Deux pièces faisant pendants, gravées par Morret.

Très belles épreuves en couleur. Grandes marges.

196. La Jarretière, par Bonnet.

Bonne épreuve en couleur.

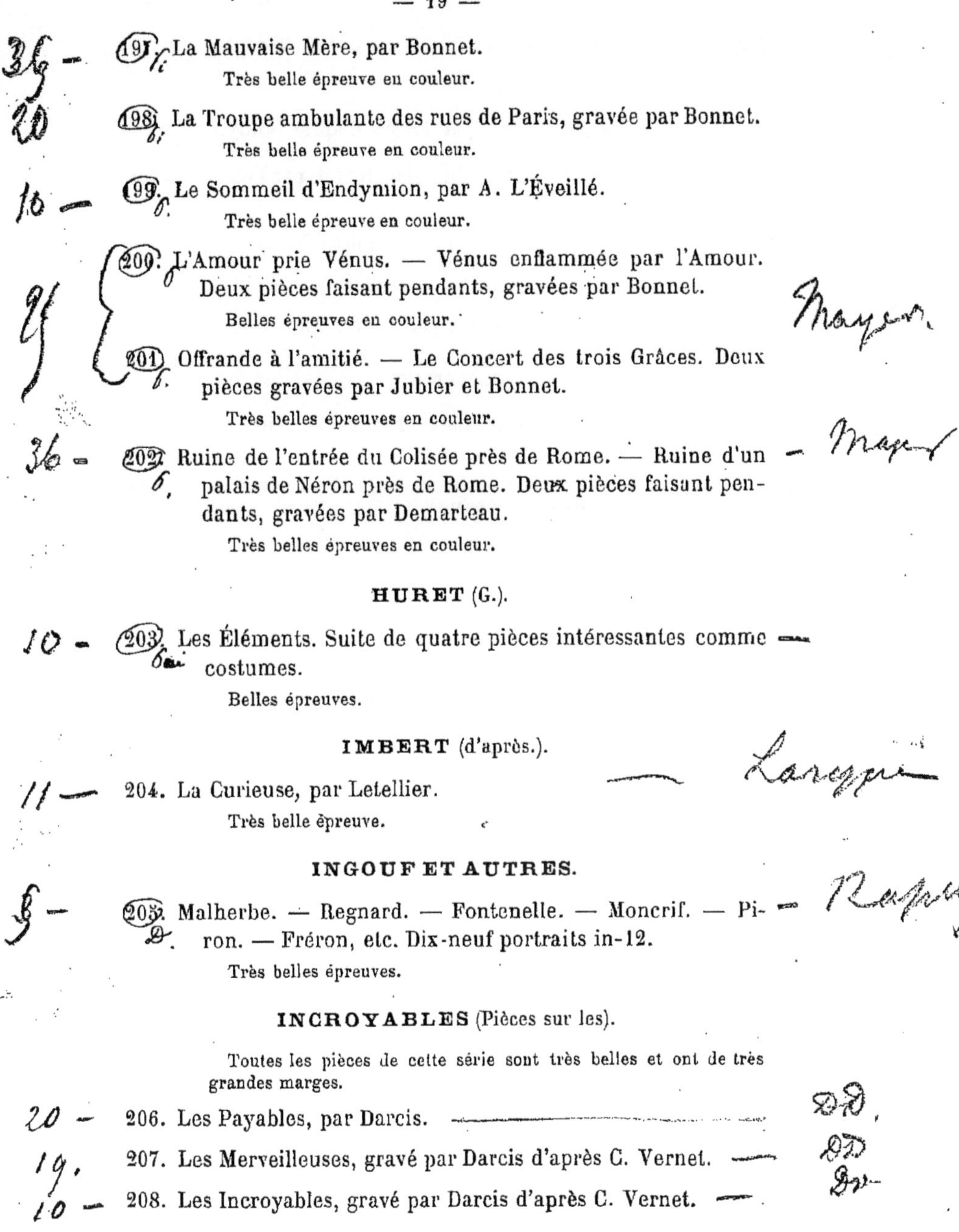

197. La Mauvaise Mère, par Bonnet.

Très belle épreuve en couleur.

198. La Troupe ambulante des rues de Paris, gravée par Bonnet.

Très belle épreuve en couleur.

199. Le Sommeil d'Endymion, par A. L'Éveillé.

Très belle épreuve en couleur.

200. L'Amour prie Vénus. — Vénus enflammée par l'Amour. Deux pièces faisant pendants, gravées par Bonnet.

Belles épreuves en couleur.

201. Offrande à l'amitié. — Le Concert des trois Grâces. Deux pièces gravées par Jubier et Bonnet.

Très belles épreuves en couleur.

202. Ruine de l'entrée du Colisée près de Rome. — Ruine d'un palais de Néron près de Rome. Deux pièces faisant pendants, gravées par Demarteau.

Très belles épreuves en couleur.

HURET (G.).

203. Les Éléments. Suite de quatre pièces intéressantes comme costumes.

Belles épreuves.

IMBERT (d'après.).

204. La Curieuse, par Letellier.

Très belle épreuve.

INGOUF ET AUTRES.

205. Malherbe. — Regnard. — Fontenelle. — Moncrif. — Piron. — Fréron, etc. Dix-neuf portraits in-12.

Très belles épreuves.

INCROYABLES (Pièces sur les).

Toutes les pièces de cette série sont très belles et ont de très grandes marges.

206. Les Payables, par Darcis.

207. Les Merveilleuses, gravé par Darcis d'après C. Vernet.

208. Les Incroyables, gravé par Darcis d'après C. Vernet.

209. L'Anglomane, gravé par Darcis d'après C. Vernet.

210. La Réponse incroyable.

211. La Folie du jour, gravé par Tresca d'après Boilly.

212. Les Croyables au perron, du Palais-Royal, par Tresca d'après Boilly.

213. Faites la paix, gravé par Levilly d'après Boilly.

214. La Pièce curieuse, gravé par Darcis d'après Boilly.

215. Point de convention, gravé par Tresca d'après Boilly.

JANINET.

216. Portrait de Marie-Antoinette d'Autriche, reine de France et de Navarre, 1777. In-fol.

    Superbe épreuve en couleur avec cadre ornementé, rehaussé d'or. Très rare de cette qualité.

216 *bis*. Les sentiments de la Nation, d'après Huet.

    Superbe épreuve en couleur d'une charmante pièce sur Marie-Antoinette; elle est de la plus grande fraîcheur et a toute sa marge. Très rare de cette qualité.

217. Mademoiselle Colombe, de la Comédie-Italienne. In-8.

    Très belle épreuve du 1er tirage, montée en dessin sur papier bleu avec l'encadrement et les noms des artistes imprimés.

218. Les Comédiens comiques. — Le Rendez-vous comique. Deux pièces faisant pendants, gravées d'après Watteau.

    Très belles épreuves en couleur.

219. La Noce de village. — Le Repas des moissonneurs. Deux pièces faisant pendants, gravées d'après Wille fils.

    Superbes épreuves en couleur; marges.

220. Les mêmes estampes.

    Très belles épreuves en couleur.

221. Les Trois Grâces, d'après Pellegrini.

    Superbe épreuve en couleur avant toutes lettres et avant la guirlande.

222. Le Sommeil d'Ariane, d'après Charlier.

    Très belle épreuve en couleur, sans marge.

223. Mémorial pittoresque de France, par M. L. B. A Paris, de

l'Imprimerie de Monsieur, puis ensuite, chez Janinet. 11 livraisons, les seules qui aient parues, renfermant chacune une planche gravée en couleur par De Machy et Janinet d'après Sergent et autres artistes.

Superbe exemplaire non rogné. Excessivement rare à trouver complet et en aussi belle condition.

224. Restes d'un ancien temple aux environs de Puzzole, d'après Clérisseau. Deux pièces.

Superbes et très fraîches épreuves en couleur ; grandes marges.

225. La Tabagie hollandaise, d'après Ad. Van Ostade.

Très belle épreuve en couleur.

226. La Foire hollandaise, d'après Ad. Van Ostade.

Très belle épreuve en couleur.

227. La Tabagie hollandaise. — La Chaumière flamande. Deux pièces faisant pendants, gravées d'après Ad. Van Ostade.

Superbes épreuves en couleur ayant de très grandes marges.

228. Le Nouvelliste. La Baraque rustique. — Deux pièces gravées d'après Ad. Van Ostade.

Très belles épreuves en couleur.

JAZET.

229. L'Heureuse Famille. — L'Utile et l'Agréable. Deux pièces faisant pendants.

Très belles épreuves en couleur.

JEAURAT (d'après E.).

230. Le Carnaval des rues de Paris, par Levasseur.

Très belle épreuve avec marge.

231. La Place Maubert, par Aliamet.

Très belle épreuve.

232. La Jeunesse, par Lépicié.

Très belle épreuve ayant une très grande marge.

233. L'Éplucheuse de salade. — L'Accouchée. Deux pièces gravées par Beauvarlet et Lépicié.

Très belles épreuves.

KLAUBER (J.-S.).

234. Portrait d'Elisabeth Alexiewna, grande-duchesse de toutes les Russies, d'après Mme Lebrun. In-fol.

Très belle épreuve avec toute sa marge.

KUYPER (d'après).

235. Salle de lecture de la Société Félix-Méritis, à Amsterdam, gravé par Vinkeles.

Très belle épreuve avant la lettre.

LA FONTAINE (Pièces pour les Contes de).

236 Boucher (d'après F.). — Le Calendrier des Vieillards, par De Larmessin.

Très belle épreuve avant l'adresse de Buldet, très grande marge

237. Le Magnifique, par De Larmessin.

Très belle épreuve avant l'adresse de Buldet, très grande marge.

238. Lancret (N.). — A Femme avare, galant escroc, par De Larmessin.

Très belle épreuve avant l'adresse de Buldet, très grande marge.

239. La Servante justifiée, par De Larmessin.

Très belle épreuve avant l'adresse de Buldet, grande marge.

240. Le Faucon, par De Larmessin.

Très belle épreuve avant l'adresse de Buldet, très grande marge.

241. Le Gascon puni, par De Larmessin.

Très belle épreuve avant l'adresse de Buldet, très grande marge.

242. Le Petit Chien qui secoue de l'argent et des pierreries, par De Larmessin.

Très belle épreuve, très grande marge.

243. Les Deux Amis, par De Larmessin.

Très belle épreuve, grande marge.

244. On ne s'avise jamais de tout, par De Larmessin.

Très belle épreuve, très grande marge.

245. Le Pâté d'anguille, par De Larmessin.

Très belle épreuve, très grande marge.

246. **Laurin** (d'après). — La Chose impossible, par De Larmessin.
Très belle épreuve, avec marge.

247. L'Anneau de Hans Carvel, par De Larmessin.
Très belle épreuve, très grande marge.

248. **Lemeslé** (d'après). — La Clochette, par Fillœuil.
Très belle épreuve, très grande marge.

249. **Paterre** (d'après). — La Matrone d'Éphèse, par Fillœul.
Très belle épreuve, très grande marge.

250. Le Cocu battu et content, par Fillœul.
Très belle épreuve, très grande marge.

251. Contes et nouvelles en vers. *Paris, 1777.* 2 vol. in-8, veau
doré sur tranches.
Bel exemplaire.

LANCRET (d'après N.).

252. Le Glorieux. — Le Philosophe marié. Deux pièces faisant
pendants, gravées par N. Dupuis.
Très belles épreuves avec marges.

253. Dans cette aimable solitude, etc., par N. Cochin.
Très belle épreuve.

LANDELLE (à Paris, chez).

254. Le Modèle.
Très belle épreuve en couleur, grande marge.

LARMESSIN le vieux (N. de).

255. La duchesse d'Orléans, — de Montpensier, — de La Meille-
raye. — Mlle de La Vallière, etc. Six portraits, rares.
Très belles épreuves avec marges.

LAWREINCE (d'après N.).

256. L'Accident imprévu, par Darcis (1).
Très belle épreuve en bistre.

257. L'Aveu difficile, par Janinet (8).
Très belle épreuve en couleur.

258. La Comparaison, par Janinet (12). ——————
    Très belle épreuve en couleur, grande marge; elle est doublée.

259. Le Contre-temps, par Dequevauviller (15).
    Belle épreuve.

260. Le Déjeuner anglais, par Vidal (17). ——————
    Superbe épreuve, en couleur.

261. L'Heureux Moment, par N. de Launay (28).
    Belle épreuve ayant souffert.

262. L'Innocence en danger, par Caquet (31).
    Très belle épreuve.

263. La Leçon interrompue, par Vidal (35). ——————
    Très belle épreuve.

264. Le Petit Conseil, par Janinet (48). ——————
    Superbe épreuve en couleur. Rare.

265. Le Restaurant, par Deni (53). ——————
    Très belle épreuve ayant souffert.

266. Le Retour trop précipité, par Pierron (54). ——————
    Très belle épreuve.

267. Le Roman dangereux, par Heilman (56). ——————
    Superbe et très rare épreuve avant la dédicace. Grande marge.

268. The Green-Plat. — The Grove. Deux pièces non décrites fai-
    sant pendants.
    Belles épreuves.

LE BEAU.

269. Portraits de Louis XVI et de Marie-Antoinette. Deux pièces
    in-4 faisant pendants, gravées d'après Nicollet.
    Très belles épreuves.

LE BEAU (à Paris, chez).

270. Conventions de mariage. — Le Mari trompé. Deux pièces
    faisant pendants.
    Très belles épreuves avec marges.

LEBEL (d'après).

271. Le Coup de vent, par Girardet.
    Superbe épreuve avant la lettre; toute marge.

LEBRUN (d'après).

272. L'Heureux Ménage, par Martini.

Très belle épreuve.

273. L'Épouse mal gardée. — L'Heureux Ménage. Deux pièces gravées par Dambrun et Martini.

Très belles épreuves, la première pièce a toute sa marge.

LEMAU DE LA JAISSE.

274. Carte générale de la monarchie et du militaire de France contenant le détail des grands et premiers officiers de la couronne... les promotions des maréchaux de France, de tous les officiers généraux des armées du Roy..... les rangs d'ancienneté des troupes du royaume ainsi que leurs uniformes, drapeaux, guidons, étendards... les vues et description de Paris capitale du royaume et de Versailles, séjour ordinaire du Roy... Présenté au Roi à Marly le 17 février 1730. 1 vol. in-fol. des plus intéressants, renfermant de nombreuses planches.

LEMINAT (à Paris, chez).

275. On y va deux. — On fait réflexions. Mais trop tard. Deux pièces faisant pendants.

Très belles épreuves. Rares.

LE MIRE.

276. Portraits de Henri IV et de Louis XV en regard l'un de l'autre sur la même feuille. In-18.

Très belle épreuve. Rare.

LE PRINCE (d'après).

277. L'Amour à l'espagnole, par A. de Saint-Aubin.

Très belle épreuve.

278. Dame russe.

Très belle épreuve avant la lettre, à la sanguine.

LE ROUGE (à Paris, chez).

279. Vue du Vauxhall de la foire Saint-Germain.

Très belle épreuve ayant quelques déchirures et à laquelle manque le coin du haut à gauche. Très rare.

LESPINASSE (d'après le chevalier de).

280. Vue de la place Louis XV.
  Rare épreuve à l'état d'eau-forte.

LEVACHEZ.

281. La Danse des Chiens, d'après C. Vernet.
  Épreuve avant la lettre, coloriée.

LEVILLY (J.-R.).

282. Une Pucelle.
  Très belle épreuve en couleur.

LOWRY (R.).

283. Élisabeth, duchesse d'Argyle. In-fol. gravée à la manière noire d'après Read.
  Superbe et très rare épreuve avant la lettre.

MALLET (d'après).

284. La Nouvelle intéressante, par Mixelle.
  Très belle épreuve en couleur; marge.

285. La Visite du matin, par Mixelle.
  Très belle épreuve en couleur; marge.

286. Le Bain d'amour, par Prud'hon.
  Très belle épreuve en couleur.

MALLET ET LEGRAND (d'après).

287. L'Amitié reste. — La Danse. — Jupiter et Io. — La Rose d'amour. Quatre pièces en couleur.
  Très belles épreuves.

MARCENAY DE GUY (A. de).

288. Le Président de Thou, d'après Ferdinand. In-8.
  Très belle épreuve avant toutes lettres; remargée.

289. Le Prince Eugène. — Maréchal de Saxe. — Président de Thou. — Voyer d'Argenson. Quatre portraits. In-8.
  Très belles épreuves remargées.

MARIAGE.

290. Portrait de Napoléon le Grand à cheval, en costume d'empereur romain. Grande pièce allégorique sur son retour dans la capitale le 15 août 1807.

Très belle épreuve en couleur. Rare.

MARILLIER (d'après).

291. En-tête pour les Œuvres de Baculard d'Arnaud, gravé par M. Ponce.

Très belle et rare épreuve tirée hors texte ; grande marge.

292. Abeilard et Héloïse, par Le Beau.

Très belle épreuve.

MERCURY (P.).

293. Sainte Amélie, d'après P. Delaroche.

Belle épreuve.

MERYON (Ch.).

294. Son Portrait, il est représenté assis sur son lit.

Très belle épreuve sur papier vergé, toute marge.

295. Le Pont Neuf et la Samaritaine, au-dessous la première arche du Pont au Change, d'après un dessin de Nicolle.

Très belle épreuve sur papier fort ; toute marge.

296. Le Grand Châtelet à Paris, d'après un dessin exécuté en 1780 (29).

Très belle épreuve avant la lettre ; toute marge.

297. La même estampe.

Très belle épreuve avec toute sa marge.

298. Le Stryge (37).

Superbe épreuve avec les vers effacés, mais avec la première adresse, celle de Delattre rue de la Bucherie ; elle est sur papier du Japon et a toute sa marge.

299. Le Petit Pont (38).

Très belle épreuve avant la lettre, sur papier de Chine collé.

300. L'Arche du pont Notre-Dame (39).

Très belle épreuve sur papier vergé ; toute marge.

301. La Galerie de Notre-Dame (40). ——————————
Superbe épreuve avant la lettre, avec le nom de Meryon et l'adresse de l'imprimeur; elle est tirée sur papier fort et a toute sa marge.

302. La Tour de l'Horloge (42). ——————————
Très belle épreuve avant la lettre et avant l'encadrement dans la marge du bas; elle est tirée sur papier fort et a toute sa marge.

303. La même estampe.
Très belle épreuve avant la lettre, mais avec l'encadrement dans la marge inférieure; elle est sur papier de Chine collé.

304. Tourelle, rue de la Tixéranderie démolie en 1851 (43).
Superbe épreuve avant toutes lettres et avec les initiales C. M. dans le haut de la droite; sur japon volant. Très rare de cette qualité.

305. Saint-Étienne-du-Mont (44). ——————————
Superbe épreuve avec les initiales C. M. dans le haut de la droite, et avant toutes lettres; elle est sur papier verdâtre. Très rare en cet état et de cette qualité.

306. La même estampe.
Superbe épreuve du même état sur papier vergé; toute marge.

307. La pompe Notre-Dame (45).
Très belle épreuve avant la lettre sur papier de Chine collé.

308. Le Pont-Neuf (47).
Très belle épreuve avant les vers et avant que la cheminée de de la Monnaie et les maisons du fond aient été modifiées; sur papier de Chine collé.

309. La Morgue (50).
Très belle épreuve avant la lettre et avant les inscriptions dans l'estampe; sur papier fort. Toute marge.

310. L'Abside de Notre-Dame de Paris (52). ——————————
Très belle épreuve avant la lettre et avant les retouches sur les maisons du fond, à droite; sur papier fort. Toute marge.

311. Rue des Chantres (56). ——————————
Très belle épreuve sur papier vergé; toute marge.

312. Voyage du Rhin. Océanie a (Uvea Wallis) Pêche aux pal-
313. mes, 1845 (65).
Très belle épreuve avant toutes lettres, sur papier vergé. Toute marge.

313. Le Ministère de la Marine (81).

Très belle épreuve avant toutes lettres, mais avec le monogramme de Meryon dans le milieu de la marge du bas. Toute marge.

314. Bain froid Chevrier, dit de l'École (84).

Belle épreuve sur papier vergé.

315. La Tour de l'Horloge. — Le Petit Pont, 2 épreuves. — La pompe Notre-Dame. 4 pièces.

Belles épreuves, tirage du journal l'*Artiste*.

316. Passerelle du Pont au Change. — Vue de l'ancien Louvre. —Tourelle, rue de l'École de Médecine. — Rue Pirouette, aux Halles. 5 pièces.

Belles épreuves.

MOLES (d'après).

317. L'Amusement de l'enfance, par Louvet.

Très belle épreuve.

MOITTE (d'après).

317 *bis*. Le Consommé, par Deny.

Très belle épreuve avec une très grande marge.

MONDHARE (à Paris, chez).

318. Mademoiselle Jullien, de la Comédie-Italienne. In-4.

Très belle épreuve en couleur.

MONGIN.

319. Vue de l'entrée des Tuileries et des bâtiments de la place de la Concorde, gravé par Chapuy.

Très belle épreuve en couleur. Rare.

MONNET (d'après).

320. Le Larcin. — L'amour est de tout âge. Deux pièces faisant pendants, gravées par Robillac.

Très belles épreuves en couleur; toutes marges.

MONSALDY.

321. Madame Dugazon du théâtre Feydeau, gravé d'après la miniature d'Isabey. In-4.

Très belle épreuve en couleur, toute marge.

322. Portrait de l'impératrice Marie-Louise, d'après la miniature d'Isabey. In-4.

Très belle épreuve en couleur; toute marge.

MONTCORNET (B.).

323. Portraits de Concini, Vitry, Bassompierre, duc de Chaulnes, duc de Montbazon, etc. 70 pièces dont beaucoup de rares.

Très belles épreuves avec marges.

324. Cinq-Mars. — Duc de Luynes. — Duc de Longueville, — Prince de Marsillac. — Duc de Rohan. — De Choiseul-Praslin. — De La Trémouille. — Duc de Montmorency, etc. 120 pièces.

Très belles épreuves avec marges.

325. Anne d'Autriche. — Duchesse d'Orléans. — De Guise. — De Nemours. — De Montmorency. — D'Harcourt. — Princesse de Guémenée, etc. 28 portraits de femmes.

Très belles épreuves avec marges.

326. Portraits de personnages célèbres, hollandais, italiens, polonais, russes, etc. 54 pièces.

Très belles épreuves avec marges.

MONTCORNET ET DARET

327. La duchesse de Longueville, — de Montbazon, — de Chaulnes, — de Chevreuse, — de La Trémouille, — de Nemours, — de Montpensier, etc. 8 portraits de femmes.

Très belles épreuves avec marges. Très rares.

MOREAU (J.-M.).

328. La Sérénade, pour les chansons de La Borde.

Superbe épreuve avant la lettre; elle est remargée.

329. L'Heureuse Nuit, pour les chansons de La Borde.

Superbe épreuve avant la lettre; elle est remargée.

330. L'Amant timide, pour les chansons de La Borde.

Très belle épreuve avant la lettre; elle est remargée.

331. L'Amant guéri, pour les chansons de La Borde.

Très belle épreuve sans marge.

332. Choix de chansons mises en musique par M. De La Borde.

A *Paris*, 1772. 1er volume illustré de 25 vignettes par
Moreau.

> Très bel exemplaire broché, non rogné.

333. La Cathédrale d'Orléans.

> Très belle épreuve.

MOREAU (d'après J. M.).

334. Pygmalion, scène lyrique de J.-J. Rousseau mise en vers
par Berquin. Texte gravé par Drouet. *Paris,* 1785. Ouvrage
illustré de six vignettes plus un titre d'après Moreau.

> Très bel exemplaire en feuilles.

335. Seconde suite d'estampes pour servir à l'histoire des modes
et du costume en France dans le XVIIIe siècle. Année 1776.
Suite de douze planches en réduction dont nous ne possédons que onze, manque le n° 1 de la suite.

> Superbes épreuves avant les numéros; elles ont, moins une pièce,
> toutes leurs marges.

336. L'Agréable Société, d'après J. Vernet.

> Très belle épreuve avant toutes lettres.

337. La Sortie de l'Opéra, par Malbeste.

> Très belle épreuve avec marge.

338. Le Vrai Bonheur, par Simonet.

> Très belle et rare épreuve avant la lettre.

MOREAU (d'après L.).

339. On y court plus d'un danger, par Germain.

> Très belle épreuve.

MORLAND (d'après G.).

340. Le Retour du soldat, gravé par Graham.

> Superbe épreuve en couleur. Rare.

NATTIER (d'après).

341. Flore à son lever (madame Du Boccage), par Malœuvre.

> Très belle et rare épreuve avant toutes lettres.

342. La Nuit passe, l'Aurore paraît (madame de Mailly), par
Malœuvre.

> Superbe et très rare épreuve avant toutes lettres.

343. La Chasseuse aux cœurs (Mlle de Beaujolais), par Henriquez.
Très belle épreuve ayant toute sa marge.

OPIZ.

344. Le Bureau des nourrices. — L'Eau. Deux pièces rares intéressantes comme costumes et scènes de mœurs sous
le premier Empire.
Très belles épreuves en couleur; grandes marges.

345. Descente de la statue de Napoléon de la colonne de la Place
Vendôme.
Belle épreuve avec marge.

ORNEMENTS.

346. **Bérain.** — Dessins de cheminées. Douze pièces. —
Très belles épreuves ayant toutes leurs marges.

347. **Bertran.** — Premier cahier d'ovales pour les bijoux et les
voitures. Suite de huit pièces. Rare.

348. **Boucher fils.** — Divers bras de cheminées. Cinq pièces. —
Très belles épreuves ayant toutes leurs marges.

349. **Huet.** — Troisième cahier des arabesques. Suite complète
de 4 planches.

Très belles épreuves tirées à la sanguine; elles ont toutes leurs
marges.

350. **La Londe.** — Cahier de girandoles, candélabres et
lustres. — Cahier H de l'ouvrage. Suite complète de six
pièces ayant toutes leurs marges.

351. **Michel.** — Onzième cahier d'arabesques à l'usage des artistes. Suite complète de six pièces gravées par Juillet.

352. **Oppenord.** — Quatrième livre contenant des montants de
pilastre. Suite complète de six pièces.
Très belles épreuves ayant de très grandes marges.

353. — Septième livre contenant des fontaines. Suite complète
de six pièces.
Très belles épreuves ayant de très grandes marges.

354. **Ranson.** — Premier cahier de décorations d'appartements
dessinées par Ranson et gravées par Juillet. Suite complète de six pièces.

355. — Onzième cahier de décorations d'appartements dessinées par Ranson et gravées par Juillet. Suite complète de six pièces.

356. — Quatrième cahier de décorations d'appartements dessinées par Ranson et gravées par Juillet. Suite complète de
six pièces.

> Cette suite et les deux précédentes, les plus importantes de l'œuvre
> de Ranson, sont très rares, les épreuves en sont très belles et ont
> toutes leurs marges.

357. **Salembier**. —Huitième cahier de tables feux et ornements
dessinés par Salembier et gravées par Juillet en 1778.
Cinq pièces.

> Très belles épreuves ayant toutes leurs marges. Rares.

358. **Stella**. — Divers ornements d'architecture recueillis et
dessinés d'après l'antique. *A Paris, aux galleries du
Louvre, avec privilège*, 1658, 33 pièces numérotées plus
le titre.

> Très belles épreuves ayant toutes leurs marges.

OUDRY (J.-B.).

359. Sujets de chasse. Suite complète de quatre pièces rares à
trouver réunies.

> Très belles épreuves.

OUDRY (d'après J.-B.).

360. La Chienne braque. — Le Sérail du doguin. Deux pièces
faisant pendants, gravées par Daullé.

> Très belles épreuves avec toutes leurs marges.

PAROY (comte de).

361. La Caverne de voleurs.
361 bis. Superbe épreuve en couleur.

PÉRELLE.

362. Vues de Paris. 16 pièces.
> Très belles épreuves.

PRUD'HON (d'après P.-P.).

363. Le Bain, par Roger.
> Superbe et très rare épreuve avant toutes lettres.

364. Daphnis et Chloé. — Abrocome et Anzia. — Aminta. — La
Loi. — L'Égalité. Cinq pièces gravées par Roger et Copia.
Très belles épreuves.

PRUD'HON ET GÉRARD (d'après).

365. Illustrations gravées par Roger et divers autres graveurs
pour l'édition grand in-4 de Daphnis et Chloé publiée
par Didot en l'an VIII. Suite complète de neuf pièces.
Superbes épreuves avant les inscriptions ayant toutes leurs marges

RAMBERG.

366. Le Marché d'esclaves, 1798.
Très belle et rare épreuve avant la lettre.

RAOUX (d'après J.).

367. Les Ages de la vie. Suite complète de quatre pièces gravées
par J. Moyreau.
Très belles épreuves ayant toutes leurs marges.

RAVENET.

368. Portrait de Boileau. In-4.
Très belle et très rare épreuve avant toutes lettres non entièrement terminée. Marge.

RÉVOLUTION (pièces sur la).

369. Portraits de Louis XVI. — Marie-Antoinette. — Madame
de Polignac. — La Fayette. — Barnave. — Mirabeau. —
L'abbé Grégoire et autres personnages marquants de la
Révolution. 35 pièces gravées par Vérité et autres.
Superbes épreuves, en couleur, avant la pagination ; grandes
marges.

370. Portrait de Marie-Antoinette en laitière. In-4, gravé par
Ruotte d'après Cazenave.
Très belle épreuve en couleur. Rare.

371. La Poulle d'Autruyche. Pièce satirique sur Marie-Antoinette.
Très belle épreuve ayant une grande marge. Rare.

372. Silhouette de Marie-Antoinette.
Belle épreuve en bistre, toute marge.

373. Première Attaque de la Bastille. — Démolition de la Bastille. Deux pièces gravées par Campion et Guyot.

Très belles épreuves en couleur.

374. Vue de la prison du Temple, dans un entourage formé de chaînes.

Très belle épreuve en couleur d'une pièce intéressante et rare.

375. Journée mémorable du 20 juin 1792. Dessiné en juin 1792 par C. P. L. et gravé à l'eau-forte par Pauquet.

Très belle épreuve.

376. Enjambée de la Sainte Famille des Tuileries à Montmédy.

Belle épreuve coloriée du temps, d'une pièce curieuse et rare faisant allusion à la fuite de la famille royale à Varennes.

377. Calendrier mobile des jours de la semaine pour l'an III de la République française une et indivisible.

Pièce rare, gravée à l'eau-forte, coloriée, du temps.

378. Commandements républicains. Très jolie pièce, dessinée et gravée par Quéverdo.

Très rare.

379. Calendrier national, calculé pour trente ans et présenté à la Convention nationale, le 31 décembre 1792, par le républicain J. Lefèvre.

Très grande et très intéressante pièce publiée chez la citoyenne Lesclapart.

380. Exécution de Louis XVI, par Duplessis-Bertaux.

Très rare épreuve à l'état d'eau-forte.

381. Pièces satyriques sur le duc d'Orléans, Barnave, Rabaut de Saint-Étienne, etc. 16 pièces curieuses dont plusieurs sont très rares.

382. Le prince de Lambesc aux Tuileries. — La Prise de l'Hôtel-de-Ville. — La Tête de Féraud présentée au président Boissy-d'Anglas. — Le Dix-Huit brumaire, etc. Quinze pièces représentant des scènes passées à Paris tirées des tableaux de la Révolution française.

Très rares épreuves à l'état d'eau-forte.

383. Trente-deux pièces tirées des tableaux de la Révolution française, dessinées et gravées par Duplessis-Bertaux, Prieur et autres.

Très rares épreuves avant la lettre et à l'état d'eau-forte.

384. Jugement de Marie-Antoinette au tribunal révolutionnaire. Grande pièce en largeur, gravée par Cazenave d'après Bouillon.

Très belle épreuve.

385. Portrait de Charette, gravé à la manière noire. In-4.

Superbe et très rare épreuve avant toutes lettres; toute marge.

386. Portrait de Stofflet, gravé à la manière noire. In-4.

Superbe et très rare épreuve avant toutes lettres, toute marge.

387. Le Maréchal de la Vendée, par Copia.

Rare épreuve à l'état d'eau-forte.

388. Fête de la Liberté, gravé par Duplessis-Bertaux d'après Wille fils.

Épreuve à l'état d'eau-forte.

389. Profanation du Saint-Sacrement dans une église de village, d'après Swebach.

Très belle épreuve avant toutes lettres.

390. Soixante-quinze pièces, dessinées et gravées par Duplessis-Bertaux, C. Vernet et autres, tirées des Campagnes d'Italie.

Très rares épreuves avant la lettre et à l'état d'eau-forte.

RIGAUD (d'après).

391. Vues du palais et des jardins de Fontainebleau. Six pièces dont une coloriée.

ROWLANDSON.

392. Le Triomphe de l'hypocrisie.

Très belle épreuve en couleur.

SAINT-AUBIN (A.).

393. Portrait de M. de Buffon.

Très belle épreuve ayant toute sa marge.

SAINT-AUBIN (d'après A. de).

394. Le Bal paré. — Le Concert. Deux pièces faisant pendants, gravées par Duclos.

Superbes et très rares épreuves avant l'adresse de Chereau et avant les mots : *Graveur du Roy*, à la suite du nom de Saint-Aubin pour la pièce du Concert.

48, 395) La Jardinière, par Phélypeaux et Moret.
Superbe et rare épreuve avant toutes lettres en couleur.

40, 396. L'Heureuse Mère. — L'Heureux Ménage. Deux pièces faisant pendants, gravées par Sergent et Gauthier l'aîné.
Très belles épreuves en couleur.

37, 397. La Tendresse maternelle. — La Sollicitude maternelle. — Deux pièces faisant pendants, gravées par Phelypeaux et Moret.
Très belles épreuves en couleur.

16 — 398. La Tendresse maternelle, par Phelypeaux et Moret.
Très belle épreuve en couleur.

24 — 399) La Promenade des remparts de Paris.
Très belle épreuve de la copie.

SAVART (P.).

400) Louis de Bourbon, prince de Condé, d'après Le Juste. In-12 (15).
Très belle épreuve avec toute sa marge.

401) Montesquieu. — Christian VII. Deux pièces.
Très belles épreuves.

SAYER (R.).

402. Le Lever du Philosophe de Fer... X. Petite pièce satirique sur Voltaire.
Très belle épreuve avec marge.

SERGENT.

403) Portrait du général Marceau.
Très belle et rare épreuve en couleur, lettres grises.

SILVESTRE ET MAROT.

404) Vues de Paris. 12 pièces.
Belles épreuves.

SOLDINI (d'après).

405. La Bergère avec sa flûte. — Le Berger avec son oiseau. Deux pièces faisant pendants, gravées par C. Duflos.
Très belles épreuves.

SWEBACH-DESFONTAINES (d'après).

406. Le Café des Patriotes, gravé en couleur par Morret. —

Très belle épreuve du premier état ; le titre est en une seule ligne et les deux gardes debout vers la gauche sont coiffés de bonnets à poil.

TAUNAY (d'après).

407. Foire de village, gravé par Descourtis.

Superbe épreuve en couleur avec les armes et la dédicace, lesquelles ont été effacées par la suite.

408. Noce de village.

Très belle épreuve en couleur avec les armes et la dédicace lesquelles ont été effacées par la suite.

409. La Noce de village. — La Foire de village. — La Rixe. — Le Tambourin. Suite complète de quatre pièces gravées par Descourtis.

Très belles épreuves en couleur.

VAN-GORP (d'après).

410. La Ruse. — La Surprise. Deux pièces faisant pendants, gravées par Honoré.

Très belles épreuves en couleur.

VANLOO (d'après C.).

411. Portrait de Mlle Vanloo. Grand in-4. —

Très belle épreuve.

VINCENT (d'après).

412. Ah! s'il y voyait! par Comarieux.

Très belle épreuve en couleur.

VERNET (C.).

413. Chasse du daim dans la forêt de Compiègne, 27 avril 1818. — Chasse dans les bois de Meudon, 29 mars 1819. — Chasse du daim à Verrières, 29 avril 1819.

Très belles épreuves de trois pièces rares, connues sous le nom de Chasses du duc de Berry.

VERNET (d'après C.).

414. Costumes modernes français et anglais, gravé par Levachez. —
Très belles épreuves avec marge.

415. Chevaux à l'écurie. — Marchand de chevaux. Deux pièces —
faisant pendants, gravées par Coqueret.
Superbes et très rares épreuves avant toutes lettres, seulement les
noms des artistes à la pointe.

416. Le Chasseur au tir, gravé par Debucourt.
Très belle épreuve.

417. La Chasse au renard. Suite de six pièces gravées par Levachez.
Très belles épreuves.

418. Combats de mameluks et de hussards français. Deux pièces —
faisant pendants, gravées par Debucourt.
Superbes épreuves avant la lettre.

VERNET (H.).

419. La Malle-Poste. — A Stage coach. Deux grandes pièces en
largeur faisant pendants.
Très belles épreuves avant la lettre.

VERNET (d'après H.).

420. Chasse au chevreuil. — Chasse au marais. Deux pièces faisant pendants, gravées par Reynolds.
Belles épreuves.

VIGNETTES.

421. Illustrations pour divers ouvrages d'après Cochin, Eisen,
Marillier, etc., 60 pièces.

VUES.

422. Plans et vues de Paris, par Meryan, Sylvestre et autres.
40 pièces.

WATTEAU (A.).

423. Figures de modes. Suite complète de sept pièces, plus le titre.
Superbes épreuves avant l'adresse de Hecquet, toutes marges.
Très rares de cet état et de cette condition.

WATTEAU (d'après).

424. Figures françaises comiques, nouvellement inventées par Watteau, peintre du Roy. Suite de douze pièces.

Superbes épreuves ayant toutes leurs marges.

425. Personnages de la Comédie-Italienne regardant deux canards effrayés par un chien ; gravé par P. Mercier.

Très belle épreuve avec marge. Rare.

426. L'Accord parfait, par Baron.

Très belle épreuve avec toute sa marge.

427. La Cascade, par Scotin.

Belle épreuve.

428. La Contredanse, par Baron.

Très belle épreuve avec toute sa marge.

429. Frère Blaise Feuillan.

Superbe épreuve ayant toute sa marge.

430. Les Jaloux, par Scotin.

Très belle épreuve.

431. La Perspective, par Crépy.

Très belle épreuve avec toute sa marge.

432. Les Enfants de Bacchus. — Les Enfants de Silène. Deux pièces faisant pendants, gravées par Fessard et Dupin.

Très belles épreuves ayant de très grandes marges.

433. Le Repas de campagne, par Desplace.

Très belle épreuve ayant toute sa marge.

434. Le Marchand d'orviétan. — Le Chasseur content. — Le Repos gracieux. Trois pièces, arabesques.

Très belles épreuves ayant de très grandes marges.

435. La Danse champêtre. — Promenade sur les remparts. — Retour de campagne. Trois pièces.

Belles épreuves.

WILLE (J.-G.).

436. Portrait de Christian Wolf, professeur de mathématiques des Académies de Paris et de Berlin. In-8.

Superbe et très rare épreuve avant toutes lettres.

WILLE fils (d'après).

437. Le Miroir consulté, gravé par Vidal. —
Superbe épreuve en couleur, très grande marge.

438. Le Marchand de ptisane, gravé par Berthault.
Très belle épreuve en couleur.

DESSINS

439. École française XVIIIᵉ siècle. Qui est là? —
A la gouache, a été gravé.

440. Gravelot. — Figures pour l'Iconologie. —
Cinq charmants petits dessins à la sépia.

441. Huet (J.-B.). — Études d'animaux.
Deux dessins crayon et sépia signés et datés 1788.

442. Rademaker. — Paysages.
Trois très jolies gouaches.

443. Rugendas. — Siège d'une ville, 1704.
Très joli dessin au lavis d'encre de Chine.

444. Saint-Aubin (A. de). — Croquis.
A la mine de plomb.

445. Vanloo (C.). — Étude de tête de jeune femme.
Au pastel.

446. Sous ce numéro seront vendus divers lots d'estampes anciennes.

Paris. — Typ. G. Chamerot, 19, rue des Saints-Pères. — 19149

L—
1 — Cat —   20 — —
              22
              20.
              31.

        D.   9
        14.   14.
        13.   26
        32   37
                                   137

        L. D.—
        11.   60

        Pai
        11
        12 —
        23.
        13

                2 902. 20.
                4 112. 65

5357
14
———
21428
5357
———
74998

Mr Du Pas Dufour 54. Avenue Hoche
Paris

Mr. Martin Conservateur du Musée de Couronnes
Notre des Globes 4 rue croix des Petits Champs

1er   11.886. 50.
       10 403. —